LES CINQ DOIGTS
8 Mélodies très faciles sur 5 notes

Andantino

IGOR STRAWINSKY
1921

1.

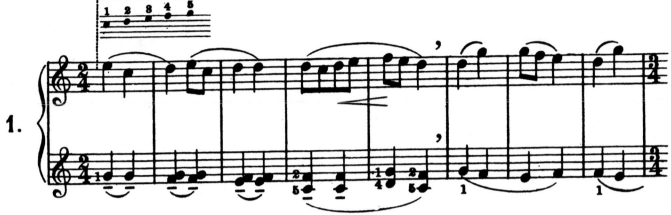

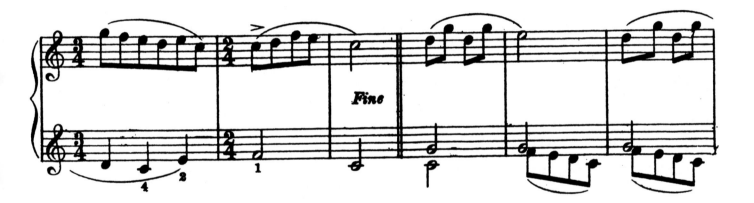

Fine

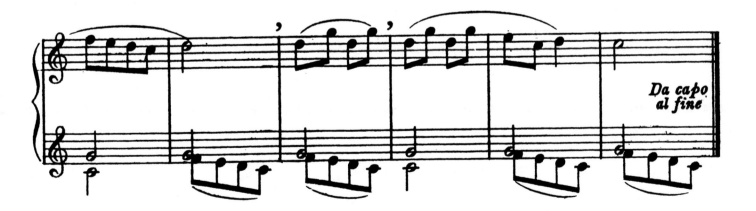

Da capo al fine

K 3995

Allegro

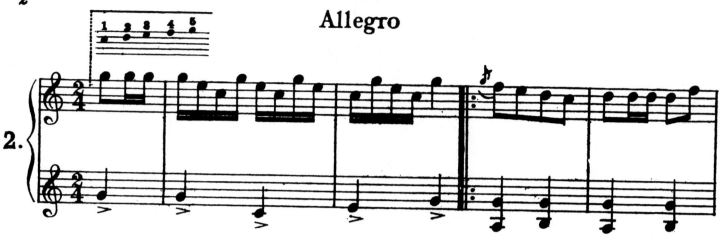

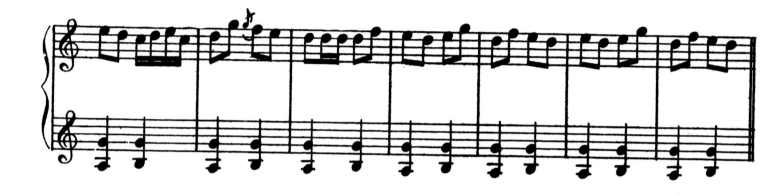

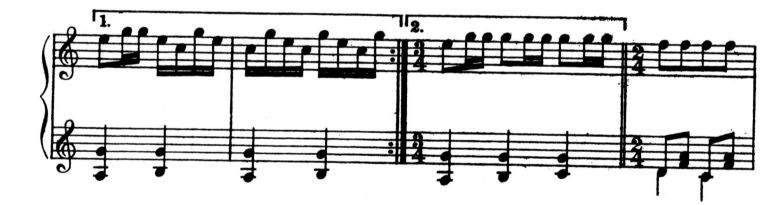

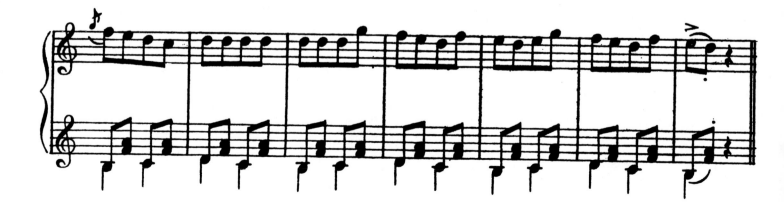

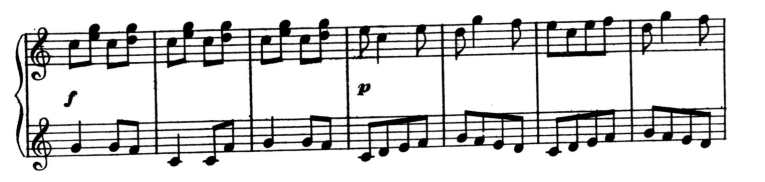

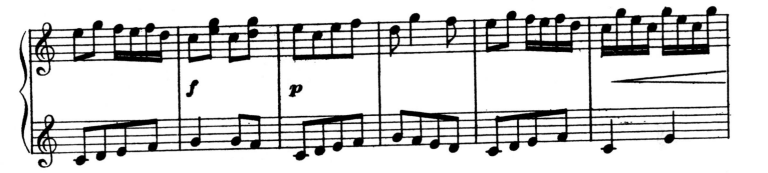

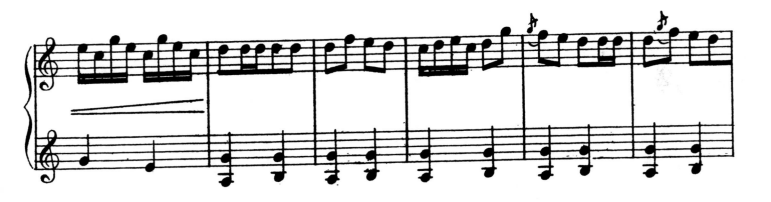

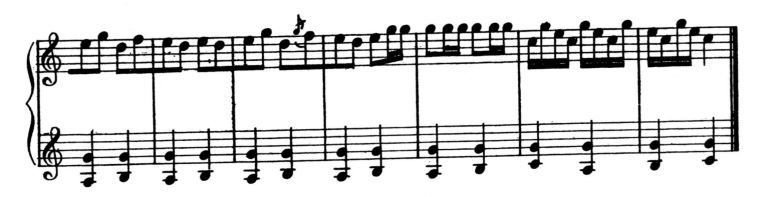

4

Allegretto

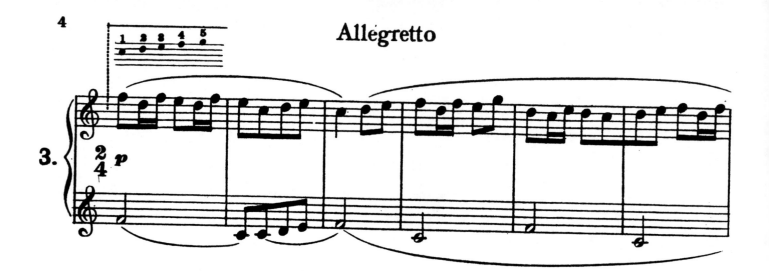

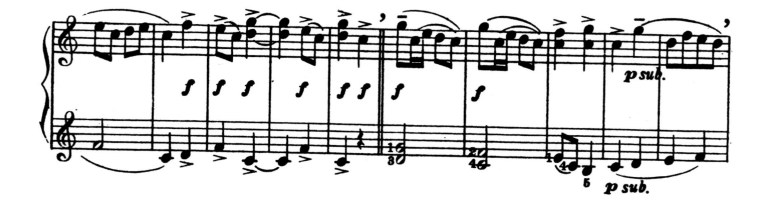

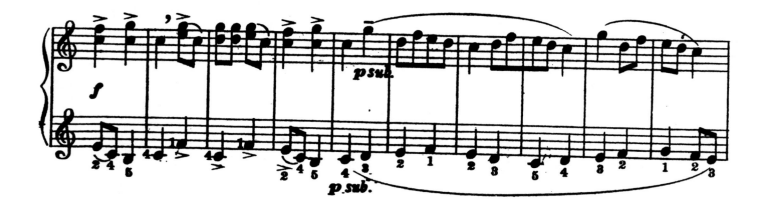

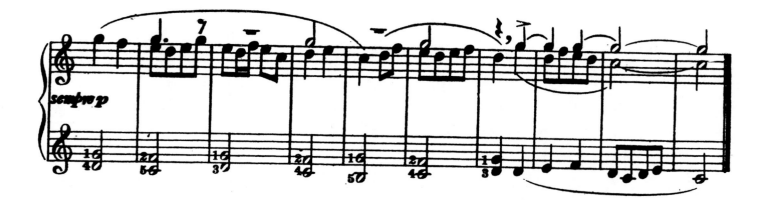

Larghetto

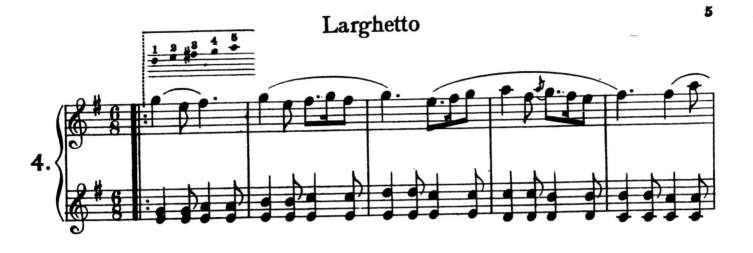

4.

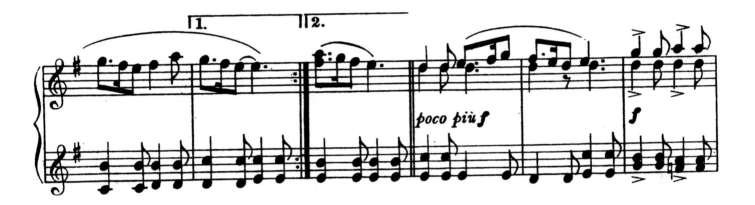

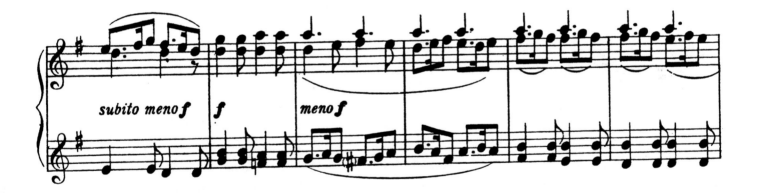

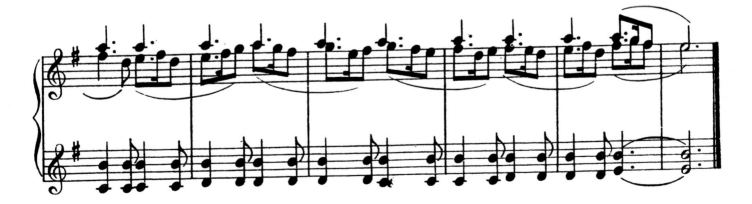

Moderato

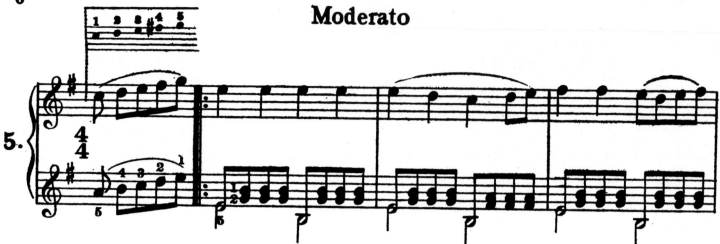

5.

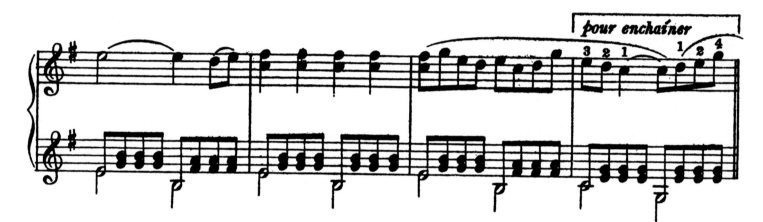

pour enchaîner

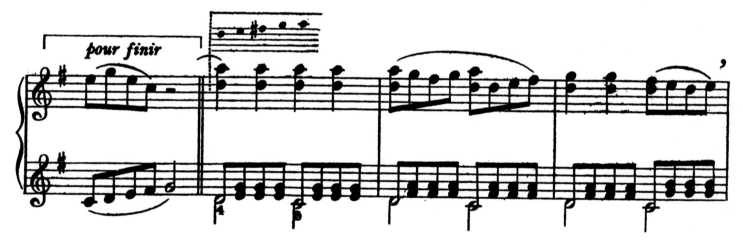

pour finir

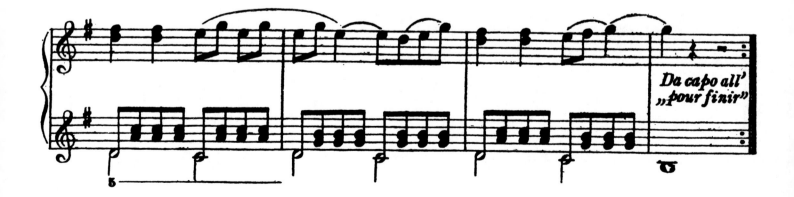

Da capo all'
„pour finir"

Lento

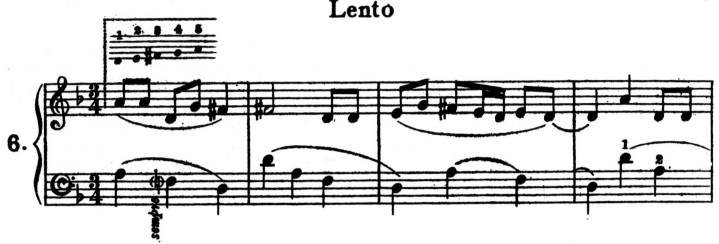

6.

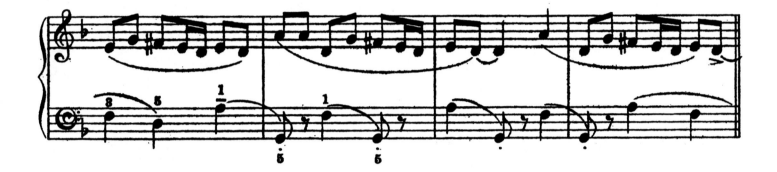

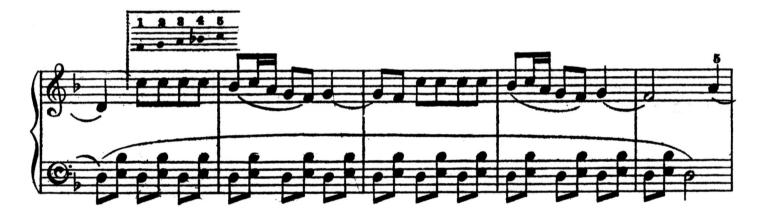

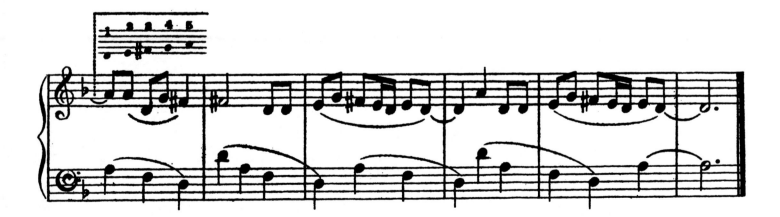

Vivo

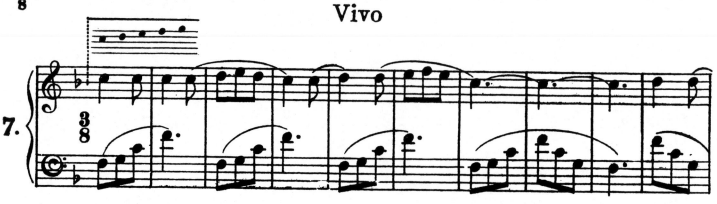

7.

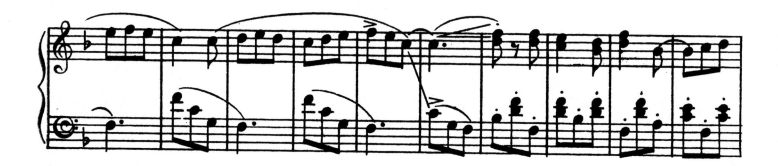

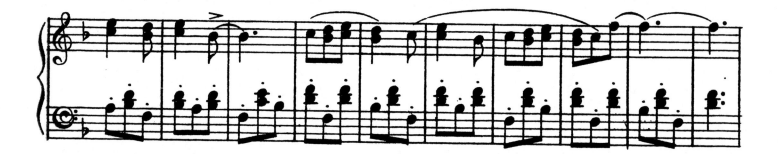

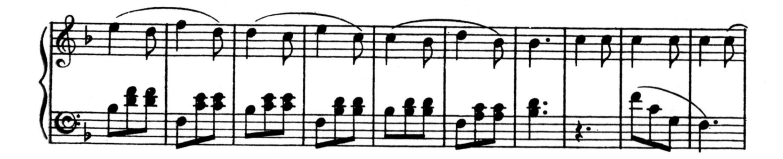

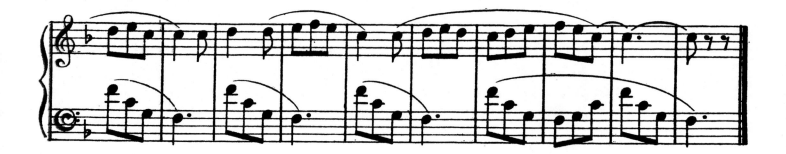

Pesante

8.

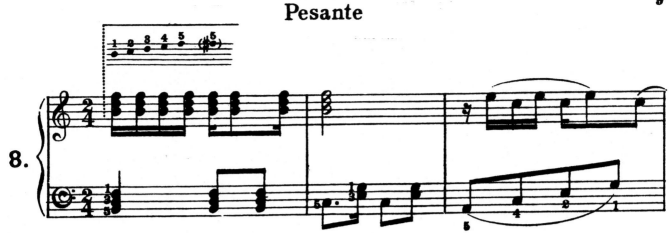

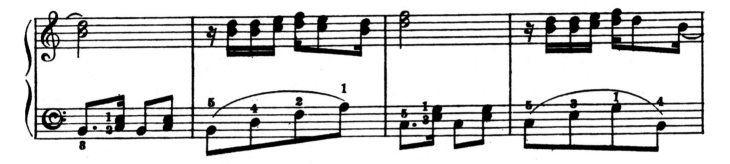

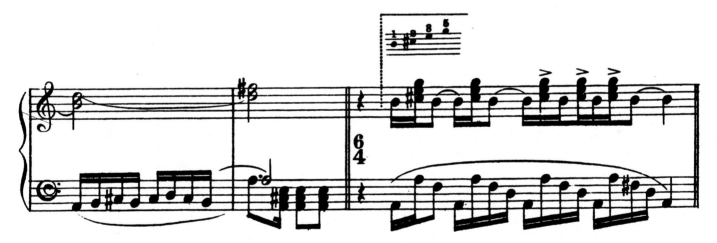

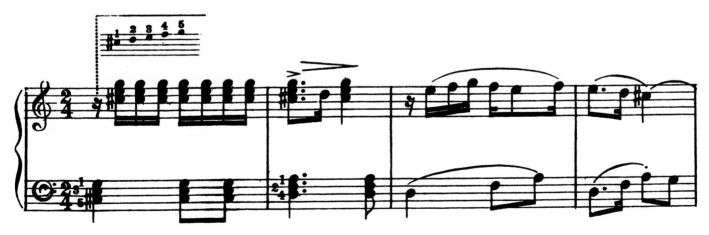

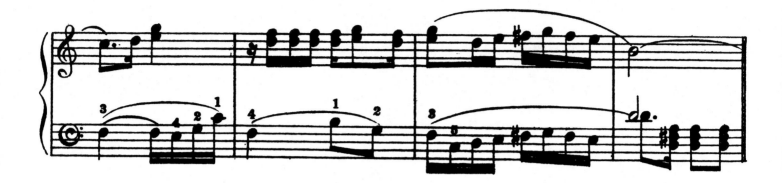

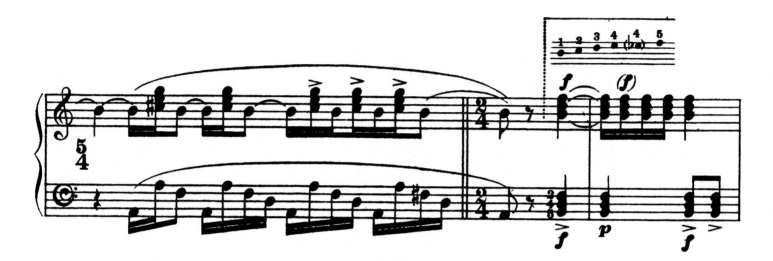

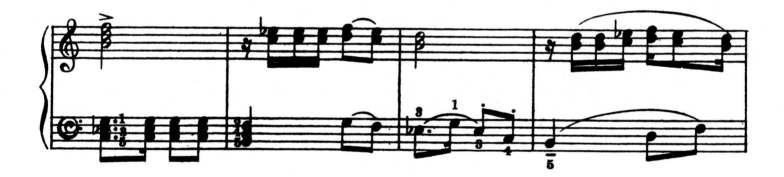

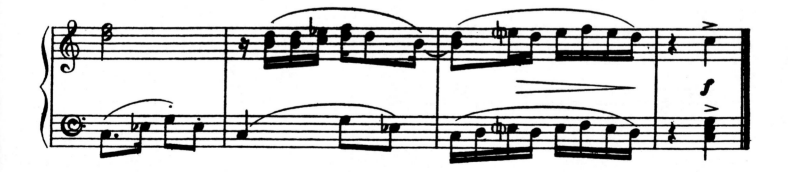